Max von Pettenkofer

Das hygienische Institut der königlichen bayerischen Ludwig-Maximilians-Universität München

Max von Pettenkofer

**Das hygienische Institut der königlichen bayerischen
Ludwig-Maximilians-Universität München**

ISBN/EAN: 9783743615021

Hergestellt in Europa, USA, Kanada, Australien, Japan

Cover: Foto ©ninafisch / pixelio.de

Weitere Bücher finden Sie auf **www.hansebooks.com**

DAS

HYGIENISCHE INSTITUT

DER

KÖNIGL. BAYER. LUDWIGS-MAXIMILIANS-
UNIVERSITÄT MÜNCHEN.

DAS HYGIENISCHE INSTITUT

DER

KÖNIGL. BAYER. LUDWIGS-MAXIMILIANS-UNIVERSITÄT MÜNCHEN.

VON

Dr. med. MAX v. PETTENKOFER,
o. ö. Professor der Hygiene.

BRAUNSCHWEIG,
DRUCK UND VERLAG VON FRIEDRICH VIEWEG UND SOHN.
1882.

Alle Rechte vorbehalten.

VORWORT.

Schon öfter darum angegangen, eine Beschreibung des hier im Jahre 1879 eröffneten hygienischen Institutes zu geben, komme ich diesem Verlangen erst jetzt nach, weil ich zunächst abwarten wollte, ob Bau und Einrichtung sich als zweckentsprechend bewähren, und dann auch, bis ich über die Frequenz des hygienischen Unterrichtes berichten und im Institute ausgeführte Arbeiten aufzählen könnte. Nachdem nun drei Betriebsjahre verflossen sind und ich Grund habe, mit allem Wesentlichen zufrieden zu sein, will ich nicht länger zögern. Möge meine Veröffentlichung dazu beitragen, dass die medicinischen Fakultäten und die Staatsregierungen immer mehr und mehr anerkennen, dass für die Entwickelung der wissenschaftlichen Hygiene oder Gesundheitslehre und für den Unterricht darin als einer Grundlage des öffentlichen und privaten Gesundheitswesens etwas geschehen und für Lehrer und Attribute an den Hochschulen gesorgt werden muss.

München, im Juni 1882.

Dr. Max v. Pettenkofer.

INHALTSVERZEICHNISS.

	Seite
Beschreibung des Institutes	1
Programm des hygienischen Praktikums	15
Untersuchungsstation	21
Arbeiten aus dem hygienischen Institute	22
Drei Pläne.	

Seit mehr als dreissig Jahren bin ich an der Universität München bemüht, das Fach der Hygiene auf einen exacteren wissenschaftlichen Standpunkt zu heben und dadurch den Maassnahmen für die öffentliche und private Gesundheitspflege eine dauernde und entwicklungsfähige Grundlage zu geben. In vollkommener Würdigung der Wichtigkeit und Bedeutung dieses Faches haben Se. Majestät König Ludwig II. von Bayern im Jahre 1865 zur Förderung des hygienischen Unterrichts an den drei bayerischen Universitäten — zuerst unter allen deutschen Hochschulen — eigene Lehrstühle für Hygiene allergnädigst zu errichten geruht. Den Anlass zur Erbauung eines eigenen hygienischen Institutes an der Universität München gab ein im Jahre 1872 an mich ergangener Ruf, als Professor der Hygiene an die Universität Wien überzusiedeln und die Leitung eines hygienischen Institutes, dessen Erbauung mir zugesichert wurde, zu übernehmen. Die Ablehnung dieses ehrenvollen Rufes knüpfte ich an die Zusicherung der Herstellung eines eigenen Attributes für Hygiene in München, welches Verlangen die medicinische Fakultät und der akademische Senat einstimmig unterstützten.

Sofort haben Se. Majestät der König unterm 27. December 1872 die Einstellung eines bezüglichen Postulates in den nächsten Budgetvorschlag allerhöchst genehmigt, Herr Staatsminister Dr. von Lutz nahm die Angelegenheit kräftig in die Hand, und die bayerische Landesvertretung hat in dankenswerthester Weise für diese Zwecke im Jahre 1874 die Summe von 180 000 Gulden bewilligt.

Nachdem die Erlangung eines passenden Bauplatzes längere Zeit Schwierigkeiten verursacht hatte, gelang es endlich durch die Munificenz Sr. Majestät des Königs und die Hochherzigkeit des Magistrates und Gemeindebevollmächtigten-Collegiums der Stadt München den nöthigen Raum in der Findlingsstrasse zu gewinnen, und konnte im April 1877 zur Errichtung des Gebäudes nach den Plänen des Herrn Oberbaurathes Karl Leimbach geschritten werden.

Oberbaurath Leimbach und ich hatten uns mit unseren beiderseitigen Interessen, von denen der eine die bautechnischen und ästhetischen, der andere die der inneren Einrichtung und des Betriebes vertrat, mit Rücksicht auf die vorhandenen Geldmittel auseinanderzusetzen, was um so nothwendiger war, als das königl. Staatsministerium wiederholt erklärt hatte, dass eine Ueberschreitung der von den Kammern bewilligten Summe unter keinen Umständen Platz greifen dürfe. Ich bedaure, Herrn Oberbaurath Leimbach oft viele Mühe gemacht zu haben, denn es wurden 4 Projekte ausgearbeitet, bis der Plan, welcher nun zur Ausführung gekommen ist, festgestellt wurde. Ich fühle mich verpflichtet, Herrn Oberbaurath Leimbach meinen besonderen Dank auszusprechen.

Das Gebäude ist aus Backstein aufgeführt und mit Schiefer gedeckt.

Das Institut hat zunächst den Zwecken des Unterrichts, dann der Forschung auf dem Gebiete der Hygiene und nebenbei auch einigen sanitätspolizeilichen Zwecken zu dienen. Ich ersuche nun den Leser, mir mit den beiliegenden Plänen durch das Haus zu folgen.

Es enthält das Hochparterre gegen Westen ein grösseres Laboratorium für die Abhaltung von Kursen über hygienische Untersuchungsmethoden. Diese Kurse sind wesentlich für diejenigen jüngeren Aerzte bestimmt, welche sich für die Prüfung für den ärztlichen Staatsdienst, für das sogenannte Physikatsexamen, vorbereiten. Beim Entwurf des Planes wurde die Zahl der den praktischen Kurs frequentirenden auf 26 bis höchstens 30 geschätzt. Gegenwärtig sind 28 vollständige Arbeitsplätze eingerichtet, die an 6 freistehenden Doppeltischen und an 2 Wandtischen vertheilt und mit den nöthigen Reagentien und Utensilien versehen sind. Am westlichen Ende des Laboratoriums befindet sich etwas erhöht der Demonstrationstisch für den Vortragenden, um welchen sich die Praktikanten bequem gruppiren und beobachten können, um dann auf ihre Plätze zu gehen, und die Versuche selbst anzustellen.

Jeder Arbeitstisch ist mit Gas, Wasserzu- und ablauf und mit Bunsensaugern versehen. Im Souterrain befindet sich ausserdem ein Wassertrommelgebläse für Saug- und Druckwirkung an verschiedenen Stellen des Laboratoriums. Gas- und Wasserleitungen und Bunsensaugerleitungen jedes einzelnen Arbeitstisches sind vom Souterrain aus frei zugänglich, und kann jeder Tisch für sich abgesperrt und schadhaft gewordene Theile der Leitungen reparirt werden, ohne Gas und Wasser der übrigen Tische zu beeinflussen.

Ausserdem enthält das Laboratorium zwei grössere Digestorien mit Schlotabzügen, welche über Dach münden, und deren Zugkraft durch Gasflammen unterstützt werden kann, ferner zwei Heerde für Verbrennungen (Elementaranalysen) mit Kutten und ein grösseres Wasserdampfbad und Trockenkasten mit Kühlvorrichtung. Dampfbad und Trockenkasten können sowohl durch einen kleinen eigens dafür bestimmten Kessel im Laboratorium selbst, als auch von der Centraldampfheizung aus, wenn diese in Gang ist, gespeist werden. Diese Dampfbäder und Trockenkästen, von der Firma Esser in München hergestellt, wiederholen sich noch in zwei anderen Laboratorien des Institutes gleichmässig. Es hat sich ergeben, dass es weniger Brennmaterial erfordert, wenn man auch zur Zeit, wo nicht geheizt wird, und man für die Trockenbäder Dampf braucht, unter dem Dampfkessel für die Centralheizung Feuer macht, anstatt die drei kleinen Kessel in jedem Laboratorium zu heizen.

Das Laboratorium ist geräumig, hell und luftig, hat Fenster nach Süden und Norden. Die Ventilation erfolgt theils durch die Schlöte der Digestorien, theils durch den oberen Theil der Fenster, die beliebig geöffnet werden können, ohne dass an den

Arbeitstischen Zugluft verspürt wird. Gegen Belästigung durch Sonne schützen leicht ziehbare Vorhänge aus Zwilch an der südlichen Fensterreihe, die sich in allen übrigen gegen die Sonne gelegenen Räumen wiederholen. Der Raum ist als Laboratorium I bezeichnet.

Nun folgen in der Front des Hochparterres in der Richtung von Westen gegen Osten zwei Zimmer für die Aufstellung von Wagen nebst Zugehör: Im ersten sind die Wagen für die Schüler, im zweiten für den Professor und die Assistenten aufgestellt. Dann folgt Laboratorium II für den Professor und die Assistenten. Es ist mit Gas und Wasser, Digestorien, Trockenräumen u. s. w. ähnlich wie Laboratorium I versehen.

Nun folgt das Laboratorium III, welches für 4, höchstens 5 Praktikanten bestimmt ist, welche bereits selbstständig zu arbeiten im Stande sind und unter Leitung des Professors und der Assistenten bestimmt formulirte hygienische Fragen untersuchen. Der Raum für dieses Laboratorium bildet die Ecke der fast rechtwinklig zusammenhängenden beiden Flügel des Gebäudes, von denen einer, die Hauptfront, südlich nach der Findlingsstrasse, der andere östlich nach der Heustrasse hinsieht. Für Laboratorium II und III befindet sich im Souterrain gleichfalls ein Wassertrommelgebläse für Saug- und Druckwirkung. Dieses und die Bunsensauger kommen namentlich bei Versuchen oft in Gebrauch, wo man lang andauernde Luftströmungen bedarf. Im Uebrigen hat Laboratorium III die gleichen Einrichtungen wie die Laboratorien I und II.

Nun folgt im östlichen Flügel ein Schreibzimmer, welches von den Praktikanten des Laboratoriums III und den Assistenten benutzt, und wo manche Einläufe deponirt werden. Daneben befindet sich das Wohnzimmer des II. Assistenten.

Nach der Verbindungstreppe zwischen Souterrain und Speicher folgt das sogenannte optische Zimmer, in welchem Spektral- und Polarisationsapparate und ein Photometer aufgestellt sind, und auch sonstige Untersuchungen ausgeführt werden, zu welchen man einen Raum braucht, welcher auch am Tage ganz verfinstert werden kann.

Daran reihen sich ein Zimmer und ein Laboratorium für die mit dem Institute verbundene Untersuchungsstation für Nahrungs- und Genussmittel und Gebrauchsgegenstände. Die Untersuchungsstation wird nicht von der Universität dotirt, sondern von den Beträgen erhalten, welche theils vom Stadtmagistrate, theils vom königl. Staatsministerium des Innern, theils von anderen Behörden und von Privaten für die auszuführenden Untersuchungen bezahlt werden. Der Ueberschuss der Einnahmen wird jedoch zu Gunsten des Institutes verwandt, dem auch das gesammte Inventar der Untersuchungsstation angehört.

Durch den Gang von der Untersuchungsstation getrennt befinden sich 2 Räume zur Aufbewahrung von diversen Materialien und Utensilien.

Ueber der Untersuchungsstation und den Vorrathskammern befindet sich im ersten Stocke der grosse Hörsaal, für 100 Zuhörer berechnet, mit von Osten nach Westen ansteigenden Sitzreihen, durch einen von vorne und hinten zugänglichen Gang in zwei Hälften getheilt. An der östlichen Wand befindet sich ein Digestorium und zwei grosse bewegliche Schreibtafeln, dann folgt ein fast die ganze Breite des Saales einnehmender Experimentirtisch, wie in den Laboratorien mit Wasser und Gas versehen, und Schubladen und Schränke für Requisiten enthaltend. Der Saal hat Fenster nach Osten, Norden und Westen, von denen die nach Osten immer durch für das Licht undurchgängige Rahmen geschlossen sind. Nur an einem Rahmen sind für Ventilationsdemonstrationen bestimmte bewegliche Oeffnungen angebracht. Der Saal hat seine Beleuchtung wesentlich von Norden. Alle Fenster haben für Licht undurchgängige, herabzulassende Vorhänge, um auch bei Tag photometrische und spektroskopische Versuche anstellen zu können.

Die Ventilation erfolgt theilweise durch den oberen Theil der nördlichen und westlichen Fenster, theils durch einen aus dem Freien durch das Souterrain geführten und dann über Mannshöhe in der südlichen Wand an zwei Stellen mündenden, dann durch einen an der entgegengesetzten nördlichen Wand von zwei am Boden befindlichen Abzügen ausgehenden und hinab ins Souterrain nach dem Kamin des Dampfkessels führenden Kanal, dessen Querschnitt durchschnittlich 0·7 qm beträgt. In dem Theile des Kanals, im Souterrain, welcher frische Luft aus dem Freien zuführt, befindet sich ein Ventilator (van Hecke'scher Flügel), welcher durch eine kleine Dampfmaschine in Bewegung gesetzt werden kann.

Auf diese Art eingerichtet eignet sich der grosse Hörsaal auch gleich zu allen praktischen Demonstrationen für sogenannte natürliche und künstliche Ventilation (durch Aspiration und Pulsion).

Die Heizung des Hörsaales soll bei Besprechung der Heizung überhaupt (Sulzer'sche Centralheizung) erläutert werden.

Neben dem Hörsaale ist ein kleines Zimmer zur Benutzung des Professors vor und nach der Vorlesung.

Bewegen wir uns von da in südlicher Richtung, so folgt zunächst der Raum für eine Bibliothek, welche die Werke enthält, die dem Fache der Hygiene, der öffentlichen Gesundheitspflege und jenen Wissenschaften angehören, oder innig damit zusammenhängen. Sie ist vorzugsweise für die in Laboratorium III Arbeitenden bestimmt. Ausgeliehen an Studirende werden die Werke nicht.

Nun folgt über dem Laboratorium III ein Ecksaal, welcher für physikalische und physiologische Untersuchungen bestimmt ist. Es ist darin ein Respirationsapparat aufgestellt, wie ihn Prof. Carl v. Voit im elften Bande der Zeitschrift für Biologie beschrieben hat. Auch der Apparat zur Aichung der Anemometer von Prof. Ernst Voit ist hier aufgestellt und befinden sich noch eine Anzahl anderer physikalischer Apparate darin. Darauf folgt ein Arbeitszimmer für den Professor, dann ein Wohn- und ein Schlafzimmer für den ersten Assistenten, welcher in Abwesenheit des Professors und Vorstandes diesen zu vertreten und deshalb im Hause zu wohnen hat.

Zunächst liegt ein kleiner Hörsaal für 30 Zuhörer, der von verschiedenen Dozenten benutzt wird. Der kleine Hörsaal ist durch einen zweimündigen Kanal, welcher in der südlichen Wand ins Souterrain und von da nach dem Dampfkessel führt, mit dem grossen Kamine in Verbindung, und kann somit durch Aspiration ventilirt werden. Die Heizung erfolgt, wie die der übrigen Räume des Institutes. Damit der im kleinen Hörsaal Dozirende nicht vom Gange aus durch die Thür, durch welche die Zuhörer kommen, einzutreten braucht, geht eine Verbindungsthür in den daneben über dem Laboratorium I liegenden grossen Sammlungssaal, in welchem der Dozirende auch seine Vorbereitungen für die Vorlesung treffen kann.

Der grosse Sammlungssaal befindet sich über dem grossen Laboratorium I. Er enthält namentlich alle Apparate, Modelle, Zeichnungen, Muster und Proben zur Demonstration bei den Vorträgen über allgemeine Hygiene. Die wesentlichsten Kapitel der Vorlesung und Demonstration sind: Die Atmosphäre, deren chemische und physikalische Verhältnisse, welche unser Befinden beeinflussen, Bekleidung und Hautpflege, Wohnung (Verhalten der Baumaterialien gegen Luft, Wasser und Wärme, Ventilation, Beheizung, Beleuchtung, Bauplätze und Baugrund), Grundwasser, Einfluss der Bodenverhältnisse auf das Vorkommen und die Verbreitung gewisser Krankheiten, Trinkwasser und Wasserversorgung, Ernährung (Nahrungsmittel, Genussmittel, Kostregulative), Sammlung und Fortschaffung der Excremente und sonstigen Abfälle des Haushaltes und der Gewerbe, Kanalisirung, Infektionsstoffe und Desinfektion, Leichenschau und Beerdigungswesen, der Gesundheit schädliche Gewerbe und Fabriken, Medicinische Statistik.

Im Souterrain befinden sich zunächst unter dem Laboratorium I Kellerräume für Aufbewahrung von Glas- und Porcellangefässen, in einer nördlichen Abtheilung eine Kammer für gasanalytische Untersuchungen, deren Boden mit Parket belegt ist und ein derartiges Gefälle hat, dass etwa verschüttetes Quecksilber sich leicht wieder sammeln lässt. An einigen Stellen sind im Kellerpflaster Vorrichtungen angebracht, um den Zug der Grundluft ins Haus herein oder in umgekehrter Richtung mit Hilfe Recknagel'scher Differentialmanometer verfolgen zu können.

Nun folgt ein gewölbter Raum mit Badewanne. Das Wasser zum Bade kann durch Dampf erhitzt werden.

Darauf folgt die Hausmeisterwohnung mit 4 Zimmern und einer Küche. Die Fenster gehen nach Süden und liegen oberhalb der Bodenplanie. Die Zimmerdecken sind nicht gewölbt, wie die Kellerräume, sondern sind sogenannte Weissdecken. Es wird auffallen, dass in einem hygienischen Institute eine sogenannte Kellerwohnung Aufnahme fand. Finanzielle Rücksichten waren allerdings die Hauptveranlassung zu dieser Wahl, aber sowohl der Architekt als auch ich waren der Ueberzeugung, dass sich eine Kellerwohnung so herstellen lasse, dass sie den hygienischen Anforderungen genügt. Dies ist nun schliesslich auch gelungen, aber vollständig erst, nachdem man längs der Hausmeisterwohnung einen Luftschacht hergestellt, welcher sowohl mit der freien Atmosphäre als auch mit einem Kamine im Hause communicirt. Nun zeigt sich diese Souterrainwohnung so trocken, ja trockner, als die gewöhnlichen Erdgeschosswohnungen.

Der nun folgende Kellerraum unter dem Laboratorium III enthält einen Muffelofen und zwei Schmelzöfen. Auch erfolgt in diesem Raume die Einleitung von Gas und Wasser von der Strasse her.

An diesen Eckkeller schliessen sich zwei Räume, welche für eine mechanische Werkstätte bestimmt sind. Die Stelle des Hausmeisters soll stets ein Mechaniker oder Gas- und Wassermonteur einnehmen. Es können dann viele Reparaturen und auch neue Apparate und Vorrichtungen sehr billig auf eigene Kosten hergestellt werden, wenn eine eigene Werkstätte zur Verfügung steht. Es ist durch gehörige Ausbuchtung im Boden vor den Fenstern und durch die nöthige Höhe derselben dafür gesorgt, dass das Licht ohne Schatten zu werfen auf Arbeitstisch und Drehbank fällt.

Es folgt nun ein grosser Kellerraum, welcher wesentlich der Fläche des im I. Stock liegenden grossen Hörsaales entspricht.

In diesem Keller liegen wesentliche Theile für Heizung und Ventilation des grossen Hörsaales, die ich noch besprechen werde. Bei Vertheilung der einzelnen Räumlichkeiten war hauptsächlich der Gesichtspunkt maassgebend, dass die vorwaltend benutzten sämmtlich ins Hochparterre zu liegen kommen, um den Lehrenden die Ueberwachung und Communikation, und den Lernenden die Benutzung nur einmal vorhandener Räume und Utensilien, z. B. Waagenzimmer, Optisches Zimmer, Raum für Vorräthe an Material und Apparaten, zu erleichtern. Im ersten Stocke war ich bestrebt die Hörsäle, Sammlung und Bibliothek nebst den Zimmern für Vorstand und Assistenten unterzubringen. Für experimentelle Arbeiten physikalischer oder physiologischer Natur ist nur der Ecksaal zwischen den beiden Flügeln bestimmt, und wurde dieser Raum vorzüglich deshalb gewählt, weil darin zeitweise einige Arbeiten vorgenommen werden müssen, welche eine grössere Grundfläche erfordern, z. B. Anemometer-Aichungen. Für seltener benutzte Räume und für Magazine dient das Kellergeschoss und die grossen und hellen Speicherräume.

Die Beheizung des Gebäudes erfolgt — mit Ausnahme der Hausmeisterwohnung und Werkstätte, die mit Zimmeröfen versehen sind — von einem im Hofe in einem Souterrain gelegenen Dampfkessel aus, nach dem System der Gebrüder Sulzer in Winterthur. Vom Kessel aus steigt der Dampf in mit Isolirmasse eingehüllten Eisenröhren zunächst an die Decke im obersten Stocke, verzweigt sich da in die einzelnen Säle und Zimmer, wo sogenannte Wasseröfen stehen. Diese bestehen aus zwei wesentlichen Theilen, dem äusseren Wassermantel und dem inneren Vorwärmer. Bleibt das Wasser im Wassermantel vom Vorwärmer abgeschlossen, so condensirt sich in diesem nur wenig Wasserdampf und wird nur wenig Wärme an die durchs Innere des Ofens strömende Luft abgegeben; erst wenn durch Drehung einer Schraube die Verbindung des Wassers im Mantel mit dem Vorwärmer hergestellt wird, erfolgt eine rasche Circulation des Wassers durch den Vorwärmer und wird eine entsprechend grössere Wärmemenge nach Aussen an die Zimmerluft abgegeben. Das Condensationswasser aus der Dampfleitung und den Vorwärmern läuft in Röhren wieder in den Dampfkessel zurück, um von Neuem in Dampf verwandelt zu werden.

Das Princip dieser Centralheizung empfiehlt sich dadurch, dass von Einem Punkte aus nicht leicht auf eine andere Art so viele Wärmeeinheiten nach allen Punkten des Hauses hin transportirt werden können, als es durch Wasserdampf geschieht, und ferner dadurch, dass nach Bedürfniss in den einzelnen Räumen die Wärme so aufgespeichert werden kann, als es in Folge der hohen specifischen Wärme des Wassers im Wassermantel der Oefen geschieht. In Räumen, die eben nicht benutzt werden, bleibt die Verbindung zwischen Mantel und Vorwürmer geschlossen.

Die Heizung des grossen Hörsaales erfolgt nicht durch Wasseröfen, sondern durch zwei sogenannte Heiznester im Souterrain, welche mit Dampf erwärmt werden, der ihnen vom Dampfkessel in gesonderter Leitung zugeführt wird. Die Heiznester (Heizkammern) enthalten Cylinder, in welchen der Dampf oben einströmt und das Condensationswasser unten nach dem Wasserbehälter im Dampfkesselraume abfliesst, aus welchem der Kessel gespeist wird. Die durch die Heiznester nach dem Hörsaale strömende Luft kann hiermit bis zum nöthigen Grade erwärmt werden.

Die Luft zu den Heiznestern kann entweder aus dem Freien oder auch nur aus dem Hörsaale geführt werden. So lange es sich nur um Heizung des Hörsaales ohne Ventilation handelt, nimmt die Luft den letzteren, handelt es sich auch um Ventilation des Hörsaales, nur den ersteren Weg, und dieser Zweck wird durch eine Anlage erreicht, welche in nebenstehender Skizze schematisch dargestellt ist.

a bezeichnet eine auf einer Axe stehende, durch eine Kurbel drehbare Klappe in dem Kanal, welcher durch g und h mit den Abzugsöffnungen im grossen Hörsaale verbunden ist. Wird die Klappe a bei c angelegt, so strömt die Luft aus dem Hörsaale nach dem Kamine und entweicht ins Freie. Wird die Klappe bei *b* angelegt, so kann die Luft aus dem Hörsaale nicht mehr durch den Kamin entweichen, sondern nur in den Kanal gelangen, durch welchen Luft aus dem Freien zum Ventilator *d* und zu den Heiznestern I und II gelangt, um in den Hörsaal zu

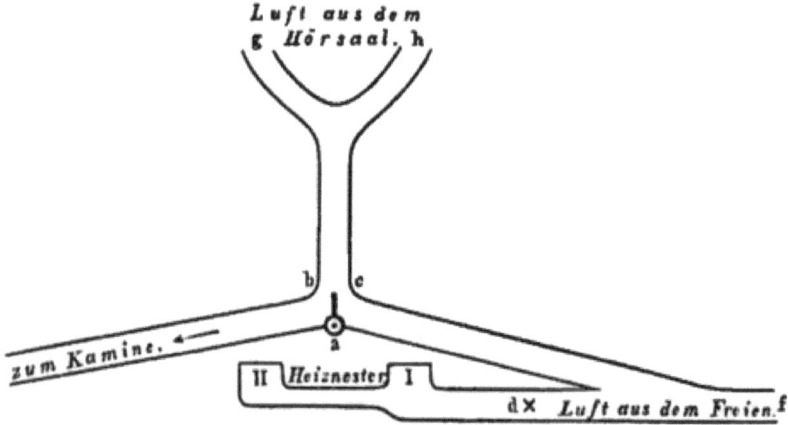

ziehen. Ist die Oeffnung für frische Luft bei *f* geschlossen, so wird die Luft des Hörsaales beständig durch die Heiznester cirkuliren, so lange diese erwärmt sind. Erst wenn die Klappe wieder auf *c* herumgeschlagen und die Oeffnung bei *f* wieder freigemacht wird, geht Luft aus dem Freien wieder durch die Heiznester in den Hörsaal und aus diesem durch die Kanäle *g h* nach dem Kamine hinaus. Es ist selbstverständlich, dass beim Mangel eines hermetischen Schlusses sowohl der Kanäle, als auch des Hörsaales, die Luftbewegung nicht ausschliesslich in der angegebenen Weise erfolgt, aber doch grösstentheils. Dr. Bentzen aus Christiania hat darüber Messungen angestellt, welche in der Zeitschrift für Biologie zur Veröffentlichung kommen werden.

Die Heizung war nun drei Winter hindurch im Gange, und hat auch während des abnorm kalten Winters 1879/80 vollkommen entsprochen. Mit anderen Heizungen in anderen Instituten der Universität verglichen entspricht sie auch den Anforderungen der Billigkeit.

Die Versorgung des Hauses mit Wasser erfolgt von der Thalkirchener Leitung aus, die ihr Wasser zunächst in zwei auf dem Speicher stehende eiserne Behälter abgiebt, aus denen es sich im ganzen Hause vertheilt. Um das Wasser in den Behältern vor zu grossen Temperaturschwankungen zu schützen, sind diese in Holzkästen gestellt, und der Zwischenraum mit Sägespänen ausgefüllt. Um im Winter gegen das Einfrieren ganz sicher zu sein, zweigt sich eine Dampfleitung von der Centralheizung ab, und kann Dampf ins Wasser der Behälter eingeleitet werden. Im Winter 1879/80 musste von dieser Vorrichtung öfter Gebrauch gemacht werden.

Ausserdem kann die Wasserleitung für jedes einzelne Laboratorium für sich abgesperrt und entleert werden, um im Falle, dass im strengen Winter der Raum einige Zeit nicht benutzt und nicht geheizt wird, das Einfrieren und Zerspringen der Wasserleitung zu verhindern. Das erfolgt namentlich im Laboratorium I, wo die Curse regelmässig nur im Sommersemester gehalten werden. Auch im Laboratorium III wird z. B. während der Weihnachtsferien die Wasserleitung entleert, und als es einmal versäumt wurde, trat ein Rohrbruch ein.

Die Entwässerung des Hauses und seiner Umgebung ist ohne irgend eine Schling- oder Versitzgrube durchgeführt. Das Wasser wird aus allen Räumen in einem geschlossenen Röhrennetze wieder abgeleitet und durch Steingutröhren sammt allem Regenwasser in das Siel in der Heustrasse abgeleitet. Die Entwässerung des Hauses und des gesammten dazu gehörigen Grundstückes ist dem gegenwärtigen Standpunkte der Technik entsprechend, und dient zugleich als Demonstrationsobjekt bei Vorlesungen und praktischen Kursen über Hausentwässerung und Kanalisation. Es sind Spülschacht, Einsteigeschächte, Lampenlöcher und die nöthigen Syphons angebracht.

Schliesslich ist noch die Abtrittsanlage des Hauses zu besprechen. In München dürfen bekanntlich laut bestehender ortspolizeilicher Verordnungen auch in regelrecht construirte und gespülte Strassensiele die Fäkalien noch nicht eingeleitet werden. Es blieb daher nichts übrig, als zum Tonnensystem zu greifen. Der in den vorhandenen mit Spülung versehenen Pissoirs anfallende Harn durfte in die Hausentwässerung abgeleitet werden. Um nun jeden Abtrittgeruch vom Hause fern zu halten, entschloss ich mich zu einer mittelst einer Gasflamme ventilirten Fallröhre. Das Fass steht in einer vom Hofe aus zugänglichen, mit gut schliessender Thüre versehenen Kammer, und kann durch eine Schubröhre ziemlich dicht mit dem Fallrohre verbunden werden. In das Fallrohr münden 2 Aborte im Hochparterre und 2 im ersten Stocke, die nur mit Holzdeckeln geschlossen werden. Das Fallrohr mündet über Dach ins Freie. Im Fallrohre über dem ersten Stock brennt Tag und Nacht eine Gasflamme, welche stündlich durchschnittlich 80 Liter Steinkohlengas verbraucht. Wo die Flamme brennt, hat das Fallrohr ein kleines Glasfenster, durch welches man die Flamme sieht, wodurch die beiden oberen Abtritte bei Nacht auch zugleich genügend erleuchtet sind. Durch die von der Flamme erzeugte Wärme wird immer eine solche Temperaturdifferenz zwischen der Luft im Abtritt und in der Fallröhre erzeugt, dass die Luft auch beim Oeffnen des Deckels stets in die Röhre hinein, aber nie heraus zieht, und zeigt der Abtritt nie Fäkaliengeruch. Diese Einrichtung, welche ich schon früher in ein paar öffentlichen Anstalten und in Privathäusern in München eingeführt hatte, hat sich auch im hygienischen Institute als vollkommen zweckentsprechend bewährt. Die Abtritte sind ganz geruchlos, ja geruchfreier, als die meisten mit Waterclosets versehenen, die wohl Wasserschluss, aber keine ventilirte Fallröhre haben.

Im Institute ist auch eine meteorologische Station nach den Vorschriften der königl. bayerischen meteorologischen Centralstation eingerichtet, welche sowohl zur regelmässigen Beobachtung von Wärme, Feuchtigkeit, Druck und Geschwindigkeit der Luft, dann der Niederschläge, als auch zur zeitweisen Uebung der Praktikanten in meteorologischer Beobachtung, und in Controle der dazu verwandten Apparate und Instrumente dient. Ausserdem wird die Bodentemperatur in $1\frac{1}{2}$ und 3 m Tiefe und in einem dazu vorgerichteten Brunnen der Grundwasserstand und die Temperatur des Grundwassers fortlaufend bestimmt.

Im Hofe befindet sich noch ein Nebengebäude mit nicht unterkellerten Räumlichkeiten. Ein Zimmer für einen unverheiratheten Diener, das auch zu Versuchen über Bodengase benutzt werden kann, daneben eine kleine Waschküche. Dann folgt ein kleines Zimmer, welches hauptsächlich zur Vornahme von Desinfektionsversuchen bestimmt ist. Darauf folgen noch zwei kleine Ställe für Versuchsthiere.

Die Ausführung der Pläne des Herrn Oberbaurathes Leimbach geschah unter dessen Leitung durch Herrn Baumeister und Architekten Max Häussler, die Gas- und Wassereinrichtungen lieferte die Firma L. A. Riedinger in Augsburg, und die Centralheizung wurde von der Maschinenfabrik Gebrüder Sulzer in Winterthur hergestellt. Sämmtliche Ausführungen haben sich gut bewährt.

An die Beschreibung des Institutes reihe ich nun einige Angaben über die Benutzung der Laboratorien durch Praktikanten.

Wer im Laboratorium III arbeiten will, muss experimentell in chemischen, physikalischen oder physiologischen Laboratorien schon soweit ausgebildet sein, dass er in irgend einer dieser Richtungen gestellte hygienische Fragen mit Aussicht auf Erfolg in Angriff nehmen kann. Das trifft in der Regel nur bei jenen zu, welche sich speciell für Hygiene ausbilden wollen, namentlich bei solchen, welche eine akademische Laufbahn ergreifen oder sich speciell als Sanitätsbeamte ausbilden wollen. Die Zahl dieser ist selbstverständlich vorläufig noch eine sehr kleine. Ein bestimmtes Programm für diese Kategorie aufzustellen, ist überflüssig, denn was der Einzelne gerade bearbeiten will oder kann, ist zu verschieden. Was bisher in verschiedenen Richtungen gearbeitet worden ist, wird unten angeführt werden.

Anders ist es mit den Praktikanten im Laboratorium III. Das sind in der Regel junge Aerzte, welche sich der Prüfung für den ärztlichen Staatsdienst unterziehen. Da habe ich schon vor dem Bau des hygienischen Institutes ein Programm entworfen, welches seitdem ziemlich unverändert geblieben ist. Ich habe bisher dieses Praktikum mit einem meiner Assistenten, welche zugleich Privatdozenten waren, anfänglich mit Dr. Wolffhügel, gegenwärtig Regierungsrath beim kaiserl. Gesundheitsamte, dann mit Dr. Renk angekündigt. Seit 1882 beschränke ich meine Thätigkeit auf die Vorlesung über Hygiene und auf die vorgerückteren Praktikanten des Laboratoriums III, und giebt den praktischen Curs im Laboratorium I Dr. Renk nun selbstständig.

Programm

des

Hygienischen Praktikums.

Das hygienische Praktikum, welches von Mitte April bis Ende Juli dauert, bezweckt eine Anleitung zum Untersuchen und Begutachten hygienischer Fragen, und berücksichtigt dabei hauptsächlich die Bedürfnisse des Physikatsdienstes. Es wird an 4 Wochentagen je von 3 bis 5 Uhr abgehalten, jedoch ist es wünschenswerth, dass in der Zwischenzeit die vorgetragenen Methoden geübt werden, und ist zu diesem Zwecke das Laboratorium während des ganzen Tages (Sonntage ausgenommen) geöffnet.

I. Untersuchung der Luft.

A. Physikalische Untersuchung.

1) Temperatur. Verschiedene Arten von Thermometern. Deren Aichung.
2) Luftdruck. Verschiedene Arten von Barometern. Nonius. Reduction auf 0^0 Cels. Reduction auf Meereshöhe.
3) Wassergehalt. Psychrometer, Hygrometer, absolute Feuchtigkeit, relative Feuchtigkeit. Sättigungspunkt. Sättigungsdeficit. Verdunstungsmesser.

4) Niederschläge. Ombrometer.
5) Wind. Richtung und Stärke. Anemometer von Combes, Recknagel, Robinson.
6) Mikroskopische Untersuchung des Luftstaubes mit Culturen in Nährlösungen.
7) Meteorische Erscheinungen.
8) Anleitung zu meteorologischen Beobachtungen.

B. Chemische Untersuchung.

1) Sauerstoff, Ozon, Stickstoff.
2) Bestimmung der Kohlensäure.
3) Bestimmung des Kohlenoxyds.
4) Nachweis sonstiger gasförmiger Verunreinigungen.

C. Ventilation.

1) Ausmessen eines Raumes.
2) Ventilationsbedarf.
3) Raumbedarf.
4) Bestimmung der Ventilationsgrösse eines Raumes
   a) bei künstlicher Ventilation mittelst des Anemometers.
   b) bei natürlicher Ventilation mittelst Kohlensäurebestimmung.
   Methode von Pettenkofer und Seydel,
      „   „ Kohlrausch,
      „   „ Flügge.

D. Heizung.

1) Heizmaterialien.
2) Ofenconstructionen.
3) Luftheizung.
4) Warmwasser- und Heisswasserheizung.
5) Dampfheizung.
6) Combination von Heizung und Ventilation.
7) Besichtigung von Heizungs- und Ventilationsanlagen.

II. Untersuchung des Wassers.

1) Entnahme einer Wasserprobe.
2) Physikalische Untersuchung.
   Klarheit, Farbe, Temperatur, Geruch und Geschmack.
   Mikroskopische Untersuchung der suspendirten Bestandtheile.
3) Chemische Untersuchung:
   qualitativ Chlor, Salpetersäure, salpetrige Säure, Schwefelsäure, Kohlensäure, Kalk, Magnesia, Ammoniak, Schwefelwasserstoff, Metalle;
   quantitativ Rückstand, organische Substanzen, Chlor, Salpetersäure, Ammoniak. Härte.
4) Begutachtung verschiedener Wässer.
5) Filtration des Trinkwassers.
6) Besichtigung der Anlagen zur Wasserversorgung von München.

III. Untersuchung des Bodens.

1) Natürlicher Boden in situ.
   Oberfläche, Gestalt, Vegetation; Verhalten zum Wasser.
   Grundwasser, Messung für bautechnische oder epidemiologische Zwecke.
   Grundluft, Bestimmung der Kohlensäure, des Wassers, der Temperatur, Pilzgehalt.
2) Untersuchung von Bodenproben.
   Porosität.
   Wassercapacität.
   Permeabilität für Luft und Wasser.
   Wassergehalt.
   Korngrösse.
   Aufsaugungsvermögen.
   Condensationsvermögen.
   Grösse der Bodenverunreinigung.

IV. Untersuchung der Fermente.

Lebensbedingungen der niederen Pilze.
Sterilisirung von Nährflüssigkeiten.
Mikroskopische Untersuchung niederer Organismen.
Desinfection.

V. Untersuchung der Nahrung.

A. Nahrungs- und Genussmittel.

1) Animalische Nahrungsmittel.
   a) Fleisch. Bestandtheile des zum Genusse bestimmten käuflichen und reinen Fleisches (qualitative und quantitative Bestimmung des Nährstoffgehaltes).
   Veränderung bei den in der Küche gebräuchlichen Zubereitungsarten.
   Frische Fleischpräparate; Fleischsaft, Fleischinfuse.
   Leim, Leimtafeln, Peptone.
   Fleischextracte.
   Conserven; Conservirungsmethoden:
   α) Wirkung der Temperatur; Kälte, Siedehitze.
   β) Bedeutung des Luftabschlusses.
   γ) Wasserentziehung.
   δ) Wirkung sog. antiseptischer Mittel für sich oder in Verbindung mit Wasserentziehung und Luftabschluss.
   Fremde Zusätze und Verfälschungen von Fleischwaaren.
   b) Eier. Bestandtheile, Conservirung.
   c) Milch, speciell Kuhmilch.
   Qualitative und quantitative Bestimmung der Nährstoffe.
   Milchfälschung; rasch ausführbare Methoden zur Erkennung, Werth und Bedeutung dieser Methoden.
   Milchconserven.

Aus Milch bereitete Präparate: Käse, Molken; Butter, Schmalz im Zusammenhang mit anderen Fetten. Kunstbutter; Fälschungen.

2) **Vegetabilische Nahrungsmittel.**
   a) Getreidearten, Mehl, Brod und Gebäcke: Zusammensetzung, Zubereitung, Conservirung, Fälschungen und Verunreinigungen.
   b) Hülsenfrüchte.
   c) Gemüse, Wurzel- und Knollengewächse etc.
   d) Obst und Früchte.
3) **Würzmittel.**
   Kochsalz. Essig. Zucker. Honig. Eigentliche Gewürze.
4) **Getränke.**
   a) Bier: Bestandtheile. Bereitung. Arten. Fremde Zusätze und Fälschungen.
   b) Wein: Zusammensetzung. Bereitung. Arten; natürliche und Kunstweine. Fälschungen.
   c) Andere alkoholische Getränke.
   d) Kaffee. Thee. Cacao.

B. Ernährung.

1) **Untersuchung der Kost des Menschen und einzelner Mahlzeiten.**
2) **Beurtheilung und Berechnung von Kostsätzen für einzelne Individuen und für Anstalten,** wie Hospitäler, Gefängnisse, Volksküchen u. dgl., sowie für Soldaten etc.
3) **Kindernahrung und Kindernahrungsmittel.**

VI. Untersuchung der Kleidung.

Mikroskopische Untersuchung der Kleidungsstoffe.
Physikalische Eigenschaften.
Giftige Farben.

VII. Untersuchung der Wohnung.

Bauplatz, Bauplan.
Baumaterialien.
Porosität, Permeabilität, Wassercapacität. Wassergehalt der Wände.
Ventilation.
Heizung.
Beleuchtung, natürliche und künstliche.
Entfernung der Abfallstoffe.
Versitzgruben, Abortgruben, Tonnen.
Schwemmkanalisation.
Liernur's System.
Untersuchung solcher Einrichtungen.
Besichtigung von Tonnenanlagen und Theilen der Münchener Kanalisation.

VIII. Untersuchung und Besichtigung grosser öffentlicher Gebäude und Einrichtungen.

Schulen.
Kasernen.
Hospitäler.
Gefängnisse.
Schlachthaus.
Leichenhäuser.
Fabriken. Brauereien etc.

Für die Theilnehmer an diesem Praktikum giebt Herr Professor Dr. Bollinger wöchentlich einmal im kleinen Hörsaale des hygienischen Institutes Vorträge mit Demonstrationen über Aetiologie und Prophylaxe der auf den Menschen übertragbaren Zoonosen mit besonderer Berücksichtigung der Fleischbeschau.

Frequenz der Vorlesungen und Kurse.

Was die Frequenz der Vorlesung über Hygiene, des Laboratoriums für Vorgerücktere und des hygienischen Praktikums betrifft, so weisen die Listen seit Eröffnung des Institutes folgende Zahlen aus:
1) Die Vorlesung über Hygiene wird von Medicinern der Universität und von Architekten der technischen Hochschule besucht, und zwar:

im Jahre 1879 von 56 Medicinern, 17 Architekten, zusammen 73
„   „ 1880 „   59   „   31   „   „   90
„   „ 1881 „   51   „   20   „   „   71

2) Praktikanten im Laboratorium III waren:
   im Jahre 1879 . . . 2
   „   „ 1880 . . . 3
   „   „ 1881 . . . 3

3) Das hygienische Praktikum besuchten:
   im Jahre 1879 . . 25 Aerzte
   „   „ 1880 . . 28 „
   „   „ 1881 . . 21 „

Im Wintersemester 1879 80 hielt Dr. Renk das Praktikum speciell für 16 Militärärzte.

Im Sommersemester 1882 beträgt die Frequenz des Praktikums wieder 28, die des Laboratoriums III 3. Es dürfte aus dieser Frequenz hervorgehen, dass die Laboratorien durchaus nicht zu gross genommen wurden.

Untersuchungsstation.

Ueber den Betrieb der Untersuchungsstation und ihrer Leistungen brauche ich nichts zu sagen, da der „erste und zweite Jahresbericht der Untersuchungsstation des hygienischen Institutes der königl. Ludwig-Maximilians-Universität München für die Jahre 1880 und 1881" von Dr. E. Egger (München 1882, Rieger'sche Universitätsbuchhandlung) alles Wissenswerthe darüber enthält. Die Untersuchungsstation liefert viel auch für den Unterricht verwerthbares Material.

Arbeiten aus dem hygienischen Institute.

Zum Schlusse folge hier noch eine Zusammenstellung der wissenschaftlichen und literarischen Leistungen, welche seit 1878 von den Assistenten und vorgerückteren Schülern des Institutes ausgegangen sind:

Dr. Friedrich Renk, Privatdocent und erster Assistent hat bearbeitet und veröffentlicht:
1) Ueber die Permeabilität des Bodens für Luft. Habilitationsschrift. Zeitschrift für Biologie, Bd. XV.
2) Beobachtungen und Gutachten über die Ventilation des Schulhauses an der Schwanthaler Strasse in München. Berichte des Stadtmagistrates 1880.
3) Ueber die Conservirung von Nahrungsmitteln. Referat erstattet auf der Versammlung des deutschen Vereins für öffentliche Gesundheitspflege in Hamburg. Vierteljahrsschrift für öffentliche Gesundheitspflege, Bd. XIII.
4) Kritik des Lehrbuches der hygienischen Untersuchungsmethoden von C. Flügge. Ebendas., Bd. XIII.
5) Ueber Kanalgase. Referat erstattet dem deutschen Vereine für öffentliche Gesundheitspflege auf seiner Versammlung in Wien 1881. Ebendas., Bd. XIV.
6) Hygienische Tagesfragen. II. Die Kanalgase, deren hygienische Bedeutung und technische Behandlung. München 1882. Rieger'sche Universitätsbuchhandlung.
7) Ueber das Eindringen der Grundluft in unsere Wohnhäuser. Tageblatt der 54. Naturforscherversammlung in Salzburg 1881. S. 193.
8) Ueber den Nachweis staubförmiger Beimischungen zur Luft. Ebendas., S. 194.

Dr. Isidor Soyka, Privatdocent und zweiter Assistent:
1) Ueber den Einfluss des Bodens auf die Zersetzung organischer Substanzen. Zeitschrift für Biologie, Bd. XIV.
2) Uebergang von Spaltpilzen in die Luft. Sitzungsberichte der königl. bayer. Akademie der Wissenschaften, mathem. physikal. Klasse 1879. S. 381.

3) Ueber die Natur und Verbreitungsart der Infectionserreger. Aerztl. Intelligenzblatt 1880, Nr. 20 bis 24.
4) Kritik der gegen die Schwemmkanalisation erhobenen Einwände. Mit einem Vorworte von Dr. M. v. Pettenkofer. Hygienische Tagesfragen I. München 1880. Rieger'sche Universitätsbuchhandlung.
5) Ueber eine Methode, die Permeabilität des Bodens für Luft optisch zu demonstriren. Forschungen auf dem Gebiete der Agrikulturphysik von Wollny, Bd. IV.
6) Ueber Kanalgase als Verbreiter epidemischer Krankheiten und über Richtung und Stärke des Luftstromes in den Sielen. Deutsche Vierteljahrsschrift für öffentl. Gesundheitspflege, Bd. XIV.
7) Ueber den Einfluss des Bodens auf die Zersetzung organischer Substanzen. Tageblatt der 54. Versammlung deutscher Naturforscher und Aerzte in Salzburg 1881. S. 193.
8) Untersuchungen zur Kanalisation.
   I. Die Mortalitätsverhältnisse Münchens. Zeitschrift f. Biologie, Bd. XVII.
   II. Die Luftbewegung in Sielen. Zeitschrift f. Biologie, Bd. XVIII.
9) In der Realencyklopädie der gesammten Heilkunde von Eulenburg hat er die Artikel: Arbeiterhygiene, Bauhygiene, Beleuchtung, Bergwerke, Boden, Excremente, Fabrikhygiene, Farben und Färbereien, Findelhäuser, Gase (gasige Gifte), Gebärhäuser, Gefängnisse, Hadernkrankheit, Hausschwamm, Hüttenwerke, Leichenbestattung und Leichenschau bearbeitet.

Dr. Rudolf Emmerich, z. Z. erster Assistent des hygienischen Institutes in Leipzig:
1) Die chemischen Veränderungen des Isarwassers während seines Laufes durch München. Gemeinschaftlich mit Dr. Brunner. Zeitschrift f. Biologie, Bd. XIV.

Arbeiten aus dem hygienischen Institute.

2) Experimentelle Untersuchungen über Infection mit städtischem und industriellem Abwasser. Sitzungsberichte der königl. bayer. Akademie der Wissenschaften. Mathemat.-physikalische Klasse 1879. S. 381.
3) Die Einwirkung verunreinigten Wassers auf die Gesundheit. Zeitschrift f. Biologie, Bd. XIV.

Stabsarzt Dr. Schuster:
1) Herausgabe der 2. Auflage von Erismann's Gesundheitslehre für Gebildete aller Stände. Himmer's Universitätsbuchhandlung. 1880.
2) Ueber die Bedeutung der Fette und Kohlehydrate für die Ernährung. Deutscher Medizinalkalender von Dr. Martius. 1882.

Dr. Max Gruber aus Wien:
Ueber Nachweis und Giftigkeit des Kohlenoxyds und sein Vorkommen in Wohnräumen. Sitzungsberichte der königl. bayer. Akademie der Wissenschaften. Mathemat.-physikalische Klasse 1881. S. 203. Ferner: Deutsche Vierteljahrsschrift f. öffentliche Gesundheitspflege 1882, Bd. XIV.

Dr. Aladàr v. Rózsahegyi aus Budapest:
Ueber die Luftbewegung in den Münchener Sielen. Zeitschrift f. Biologie, Bd. XVII.

Dr. Klas Linroth aus Stockholm:
Ueber das Verhalten des Wassers in den Kleidern. Zeitschrift f. Biologie, Bd. XVII.

Dr. G. F. Bentzen aus Christiania:
1) Ueber den Kohlensäuregehalt der Grundluft als Maassstab für die Bodenverunreinigung. Zeitschrift f. Biologie, Bd. XVIII.
2) Untersuchungen über die Leistungen der Ventilationseinrichtungen im grossen Hörsaale des hygienischen Institutes zu München. Zeitsch. f. Biologie, Bd. XVIII.

Dr. Edmund Egger, Assistent und beeidigter Experte der Untersuchungsstation:
1) Vergleichende Bestimmungen des Fettgehaltes der Milch durch Gewichtsanalyse, mittelst des Lactobutyrometers und der neuen aräometrischen Methode von Soxhlet. Zeitschrift f. Biologie, Bd. XVII.
2) Jahresbericht der Untersuchungsstation des hygienischen Institutes der königl. Ludwig-Maximilians-Universität München für die Jahre 1880 und 1881. München 1882. Himmer's Verlag.

Dr. Rudolf Sendtner:
Reichardt's Butterprüfungsmethode und ihre Verwendbarkeit für den Nachweis fremder Fette in Butter und Schmalz. Jahresbericht der Untersuchungsstation pro 1882, S. 18.